अतिरथी अभिमन्यु

राहुल रास वर्मा

गुरुर्ब्रह्मा गुरुर्विष्णुः गुरुर्देवो महेश्वरः ।

गुरुः साक्षात् परं ब्रह्म तस्मै श्री गुरवे नमः ॥

" मैं यह पुस्तक मेरे आदरणीय शिक्षकगण और माता-पिता को समर्पित करता हूँ।"

" यदा यदा हि धर्मस्य ग्लानिर्भवति भारत ।

अभ्युत्थानमधर्मस्य तदात्मानं सृजाम्यहम् ।।

परित्राणाय साधूनाम् विनाशाय च दुष्कृताम् ।

धर्मसंस्थापनार्थाय सम्भवामि युगे युगे ।।"

— श्री कृष्ण "

भूमिका

महाभारत स्वयं एक महाकाव्य है, और इस महाकाव्य का प्रत्येक योद्धा महावीर और रहस्मयी विद्या का ज्ञाता है। उन सभी महावीर योद्धाओं में एक अर्जुन पुत्र अभिमन्यु भी है जिन्होंने युद्ध स्थल में अद्वितीय युद्ध कला और महाताण्डव का प्रदर्शन किया था । उसने एकल ही सैकड़ों योद्धाओं को मौत के घाट उतारा। स्वयं भरद्वाज पुत्र एवं कुरुकुल गुरु द्रोणाचार्य, सूर्यपुत्र अंगराज कर्ण, महाराज धृतराष्ट्र पुत्र दुर्योधन, कौरव युवराज दुःशासन, गांधार नरेश शकुनि और गुरु द्रोण पुत्र महाधनुर्धर अश्वत्थामा आदि योद्धाओं ने मिलकर युद्ध किया, तब जाकर इस महाधनुर्धर योद्धा एवं श्री कृष्ण शिष्य अभिमन्यु को परास्त किया।

यह कविता महर्षि वेदव्यास रचित महाभारत के द्रोण पर्व पर आधारित है, जिसमे अभिमन्यु द्वारा चक्रव्यूह को भेदने की प्रत्येक घटना को मार्मिकता से कविता स्वरूप दिया गया है। आशा करता हूँ कविता आप पाठक जनों को प्रभावित कर सकेगी।

धन्यवाद ।

अतिरथी अभिमन्यु

जब हार रहा था कौरव दल ,

जब व्यर्थ हो रहा था भुजबल।

कौरव सेना काँपी थर–थर ,

रण छोड़ के भागी अपने घर।

तब बैठ शिविर में दुर्योधन ,

गुरु द्रोण से बोला कटु वचन।

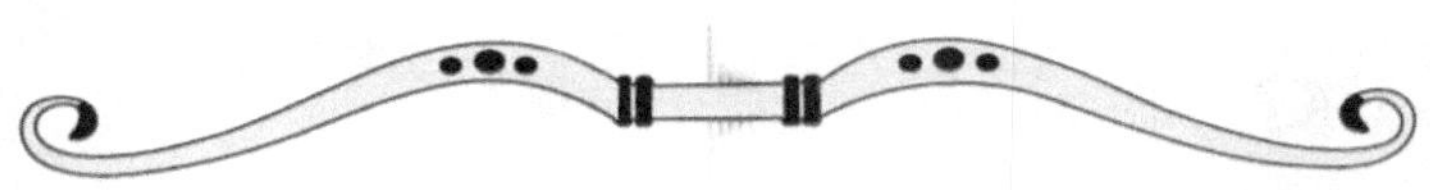

अरे ! कैसे सेना नायक हो ,

दुश्मन को तुम न जकड़ सके।

हम खाली हाथ ही लौटे हैं,

युधिष्ठिर को क्यों न पकड़ सके।

यदि आपके सम्मुख शत्रु हो ,

वह आपसे बच न पाता है।

फिर ऐसी क्या मजबूरी है ,

जो धर्मराज बच जाता है।

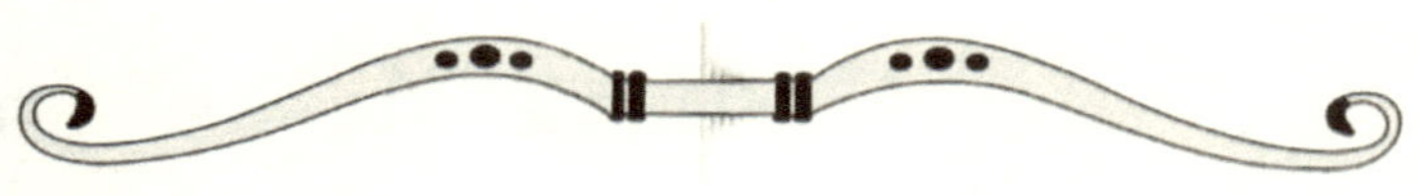

सुन दुर्योधन के वचनो को ,

बोले द्रोण तनिक मुरझाकर।

कौन हराए उस दल को,

जिसमे स्वयं हो वंशीधर।

देख हताशा दुर्योधन की ,

गुरु द्रोण ने दिया उसे वचन।

शीघ्र युधिष्ठिर को पकड़ूँगा ,

अब आने ना दूँगा अड़चन।

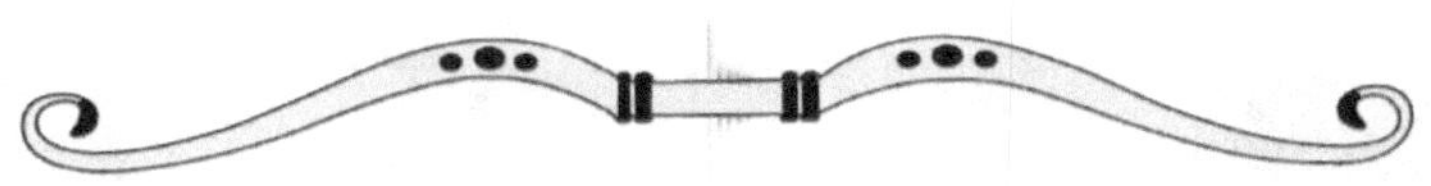

कर उपाय रणभूमि में ,

अर्जुन को दूर ले जाना होगा।

व्यूह रचूँगा जब मैं दुर्लभ ,

उसमे धर्मराज को फँसाना होगा।

सुन उपाय सेना नायक का ,

कौरव सेना का मन हर्षाया।

दूर दिशा दक्षिण में जाकर ,

तब कुन्तीपुत्र को ललकारा।

सुन ललकार शत्रु की रण में ,

लाल हुई अर्जुन की काया।

कर स्वीकार शत्रु का धावा ,

अर्जुन ने क्षत्रिय धर्म निभाया।

जब महारथी और महावीर ,

अर्जुन जैसा ना वीर बचा।

तब द्रोण ने देखा विजयी अवसर ,

और चक्रव्यूह का व्यूह रचा।

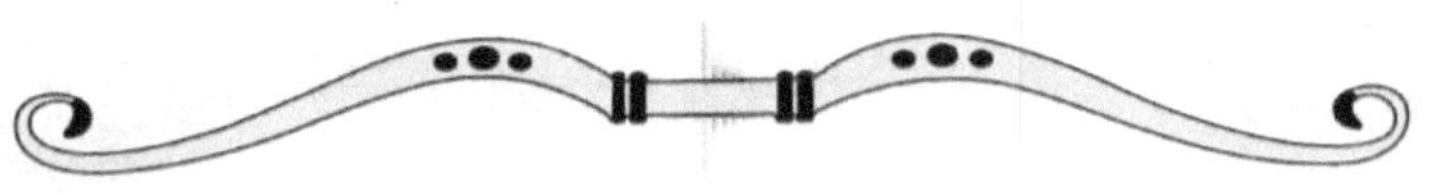

दुर्योधन तब हुआ प्रसन्न ,

बोला मुस्काकर वह चालबाज।

धर्मराज को पकड़ेंगे हम ,

खत्म करेंगे युद्ध को आज।

गुरु द्रोण तब आगे बढे ,

सब वीर इक जुट हो लड़े।

सब महारथी वीरों का बल ,

गुरु द्रोण के आगे रहा विफल।

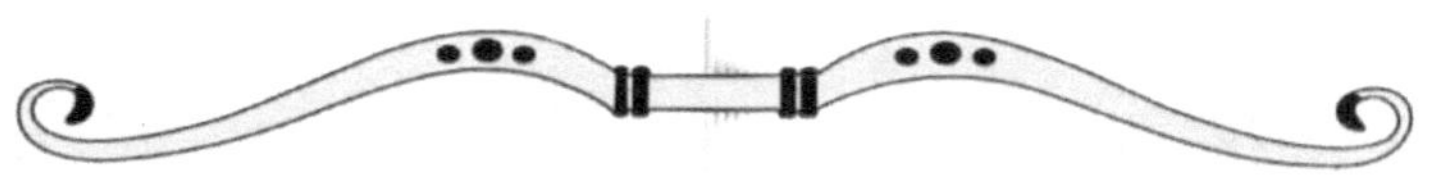

जब खींचीं धनुही की प्रत्यंचा ,

चलने लगे तीरों पे तीर।

विचलित हुए घबरा गए ,

टिक ना सके पांचालवीर।

देख भयानक तहस-नहस को ,

धर्मराज का मन घबराया।

मन ही मन में सोंचा कुछ ,

और अभिमन्यु को पास बुलाया।

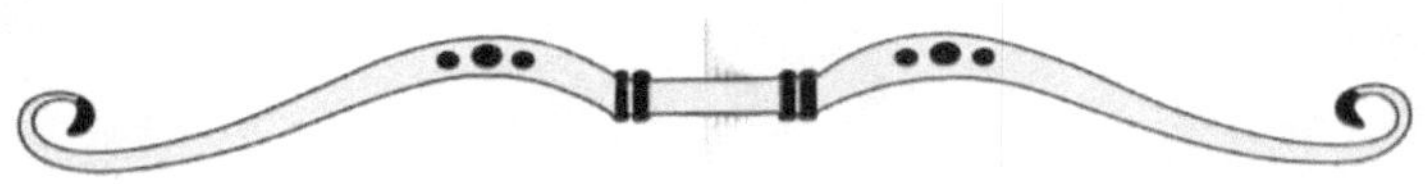

" दीर्घबाहुं महोरस्कं वृषभाक्षमरिंदमम् ।

सुभद्रा सुषुवे वीरमभिमन्युं नरर्षभम् ।। "

– महर्षि वेदव्यास

बोले, प्रिय अभिमन्यु बात सुनो ,

स्थिति यह बड़ी विकट है आई।

गुरु द्रोण की सेना के आगे ,

अपनी सेना है मुरझाई।

पिता नही हैं यहाँ तुम्हारे ,

जो इस भार को कंधो पर लेता।

कौरव के हर प्रहार का उत्तर ,

अर्जुन बड़े वेग से देता।

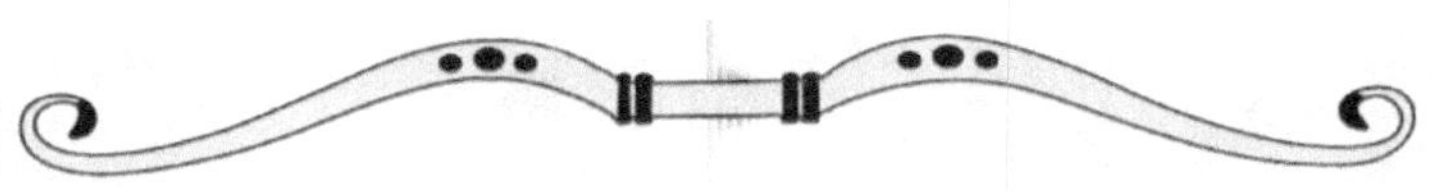

पर स्थिति यह बहुत कठिन है ,

इसलिए मैं निर्णय इक लेता हूँ।

बहुत ही दुस्कर दुःसाहस कर ,

यह भार तुम्हे देता हूँ।

नतमस्तक हो अभिमन्यु ने ,

इस भार को कन्धों पर रक्खा।

फिर ज्येष्ठ पिता युधिष्ठिर के ,

चरणों में अपना सर रक्खा।

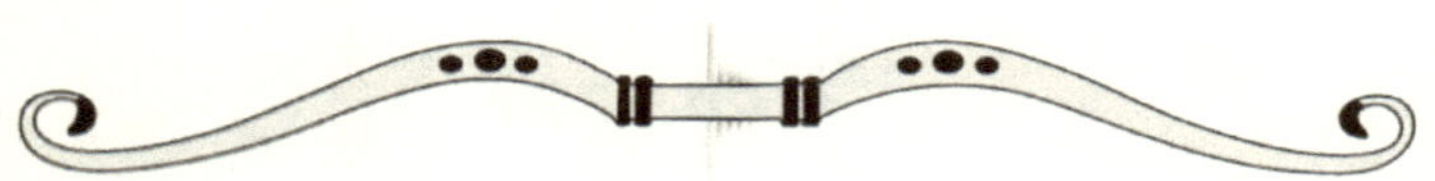

मैं पितृवर्ग की रक्षा खातिर ,

गुरु द्रोण के सम्मुख जाऊँगा।

अब तक ना देखा होगा जैसा ,

उन्हें वैसा युद्ध दिखाऊँगा।

आज व्यूह को तोड़ूँगा मैं ,

इसमें शंका की बात नही।

पर चक्रव्यूह का भेदन कर ,

वापस आना मुझे ज्ञात नही।

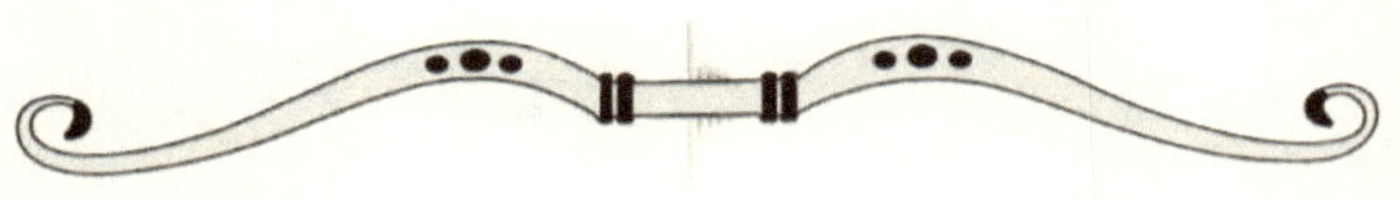

ऐ ! पुत्र तात की बात सुनो ,

मन में है मेरे इक उपाय।

यह सोच लिया है मैंने अब ,

कि इस व्यूह को कैसे तोड़ा जाए।

तुम जहाँ भी व्यूह को तोड़ोगे ,

हम साथ में लड़ते जायेंगे।

इसी तरह मिल–जुलकर के ,

हर योद्धा को मार गिरायेंगे।

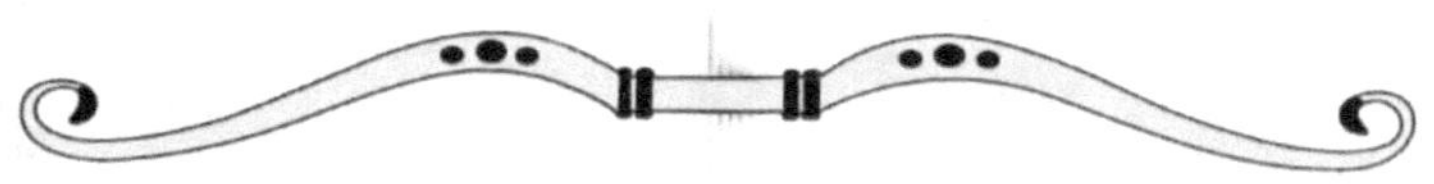

सुन बात तात की अभिमन्यु ,

बोला व्यूह में प्रवेश करूँगा मैं।

जो कोई आयेगा सम्मुख ,

हर इक के प्राण हरूँगा मैं।

प्रण है मेरा आज यह खुद से ,

होगा मेरा जब भी प्रहार।

अगर न थर-थर कापें शत्रु,

तो मैं नही अर्जुनकुमार।

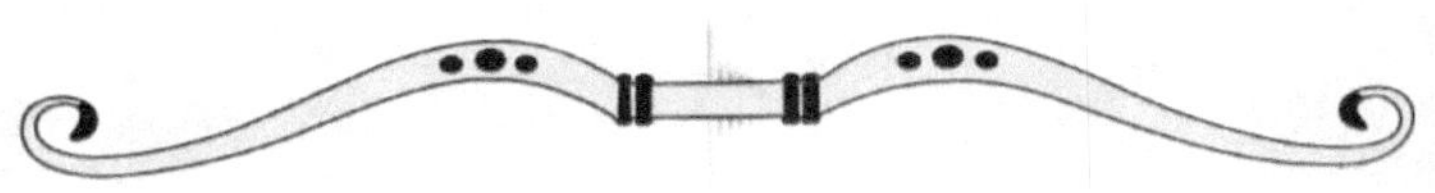

अभिमन्यु रथ पर चढ़ गया ,

बोला ,सारथी समय नही शेष है।

अब रथ को रण में ले चलो ,

यह मेरा आदेश है।

सारथी ने कहा , हे ! प्रिय अर्जुन कुमार ,

यह भार निश्चित लीजिये।

पर इस युद्ध को लड़ने से पहले ,

अपने कर्तव्य का निश्चय कीजिये।

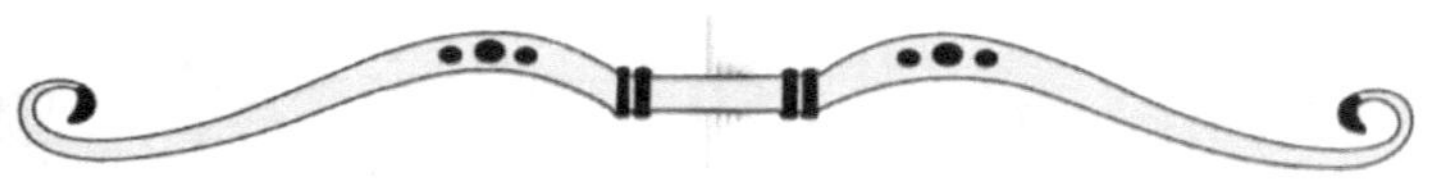

सामने कई महारथी हैं,

सब अस्त्रों के महाज्ञाता हैं।

साहस नही किसी और में ,

उनसे हर कोई घबराता है।

ऐ पुत्र ! अब भी वक़्त है ,

जरा सोंच लो कर लो विचार।

सामने दो–चार नहीं ,

हैं शत्रु पूरे दस हजार।

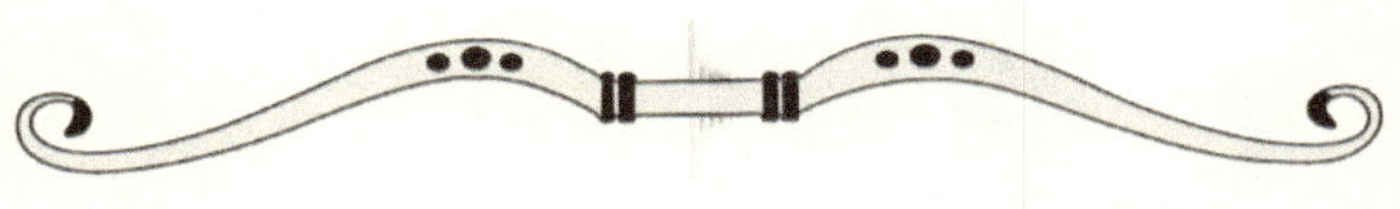

" अभिश्च मन्यूमांश्चैव ततस्तमरिमर्दनम्।

अभिमन्युमिति प्राहुरार्जुनिं पुरुषर्षभम्।। "

– महर्षि वेदव्यास

जा रहे हो उनके सम्मुख ,

जो अस्त्र विद्या के धनी।

नकार देने की जगह ,

क्यों कर्तव्य की तुमने सुनी।

उस सारथी सुमित्र ने ,

कर ली पचासों कोशिशें।

ना रुका वह वीर धनुधर ,

कर्तव्य खींचें हो जिसे।

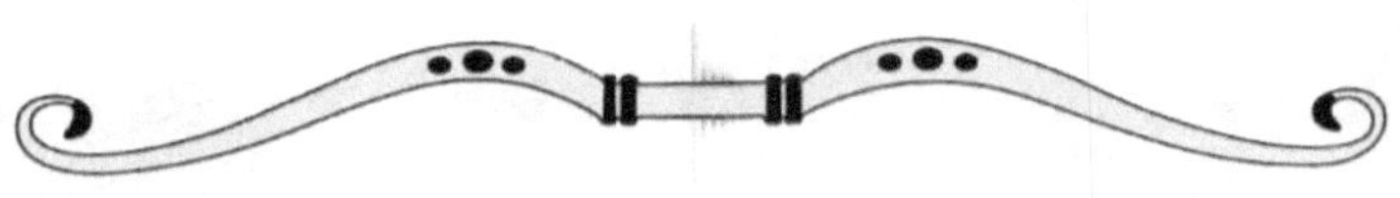

भयभीत होऊँगा नहीं ,

गर रुद्र से हो सामना।

कर्तव्य मेरा धर्म है ,

कर्तव्य मेरी कामना।

यदि स्वयं पिताश्री अर्जुन हों सामने ,

तब भी अपने कर्तव्य को निभाउँगा।

उनका मन प्रफुल्लित होगा जिससे ,

उन्हें वह युद्ध कला दिखाउँगा।

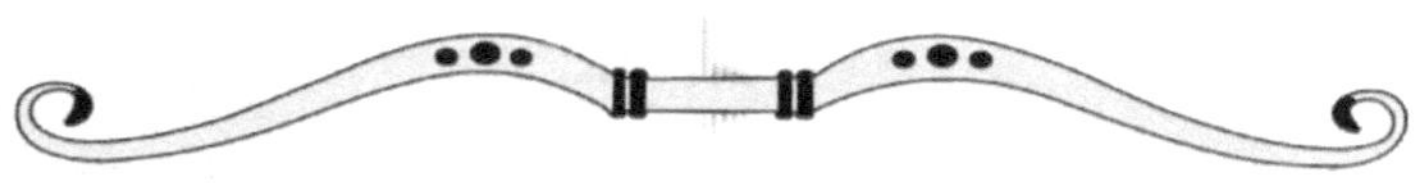

होकर दुखी तब सारथी ,

लेकर चला रथ को वहाँ।

सेनापती गुरु द्रोण का ,

रथ उपस्थित था जहाँ।

गुरु द्रोण को चारों तरफ से ,

हैं खड़े सब घेरकर।

हो गए तब सब अचंभित ,

अभिमन्यु आता देखकर।

सिंह के बच्चे की तरह ,

हाथियों पर चढ़ पड़ा।

जोर गर्जन कर चला ,

शत्रु से वह लड़ पड़ा।

हो रही बाणों की वर्षा ,

कर रहें हैं सब प्रहार।

तोड़ कर तब व्यूह को ,

आगे बढ़ा अर्जुन कुमार।

द्रोण होकर के चकित ,

देखते उस वीर को।

मन ही मन होते प्रफुल्लित ,

देख उस रणधीर को।

अश्वरोही और गजारोही ,

अभिमन्यु की ओर बढ़ने लगे।

रथी और पैदल योद्धा ,

सब उसे घेर लड़ने लगे।

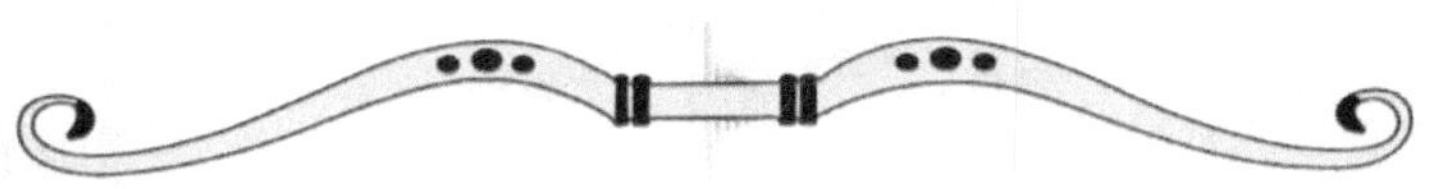

अभिमन्यु के बाणों की वर्षा ,

से सभी डरने लगे।

जलती आग में फतिंगे की तरह ,

सैनिक सभी मरने लगे।

चारो तरफ वाद्यों की ध्वनि ,

कोलाहल गर्जना और ललकार।

हर कोई लड़ने को आतुर ,

फिर भी ना डरा अर्जुन कुमार।

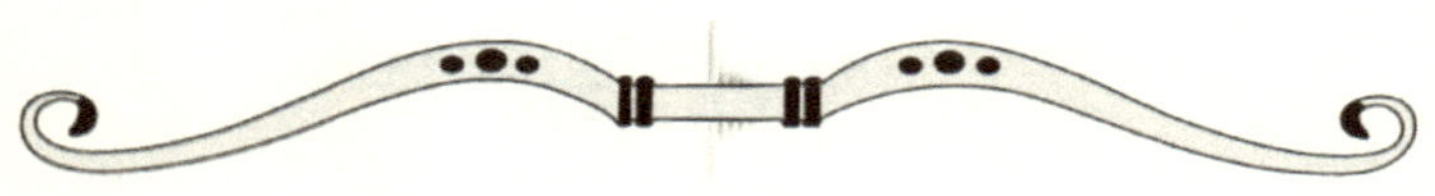

मुकुट और आभूषण वाले ,

मस्तक को उसने काट दिया।

लाशों पे लाशें खूब गिराकर ,

पृथ्वी को उसने पाट दिया।

रथ, छतरी, झंडे, पहिये ,

सब चूर-चूर उसने कर डाला।

स्वर्ण कँवच वाले सीनों को ,

तीखे तीरो से भर डाला।

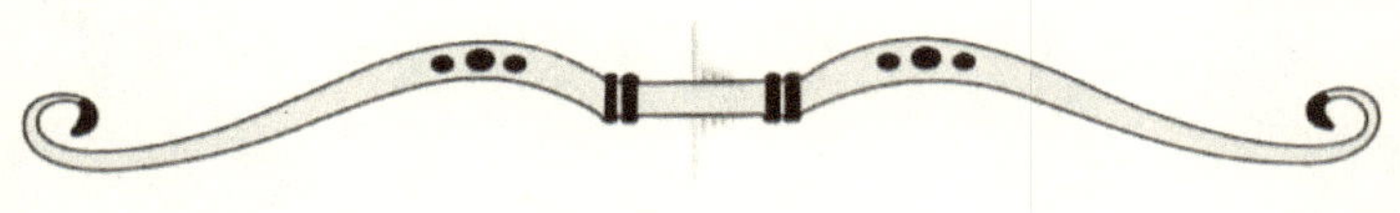

" शिशुनैकेन संग्रामे कालयमानानि संघशः।

द्रक्ष्यन्ति सर्वभूतानि द्विषत्सैन्यानि वै मया ॥ "

– महर्षि वेदव्यास

भगवान शंकर की तरह ,

इक तेज अभिमन्यु ने दिखाया।

मुख सूख गए सारे कौरव के ,

माथे पर सबके पसीना आया।

रोते-बिलखते सैनिक सभी ,

सबको अभिमन्यु ने मार भगाया।

यह देख क्रोध में दुर्योधन ,

अर्जुन कुमार से लड़ने आया।

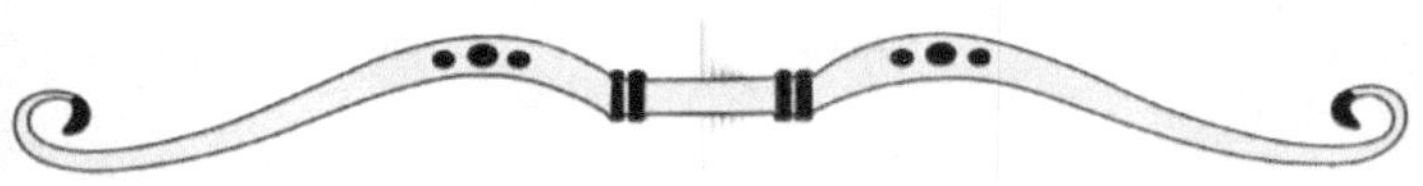

शकुनि, कृपाचार्य, अश्वत्थामा ,

यह देख के, वे घबराये।

द्रोण, कर्ण और मद्रराज ,

सब अभिमन्यु को घेरने आये।

बाणों की वर्षा करी सभी ने ,

और पार्थ पुत्र को ललकारा।

युद्ध यही पर पूरा होगा ,

यदि अभिमन्यु ने दुर्योधन को मारा।

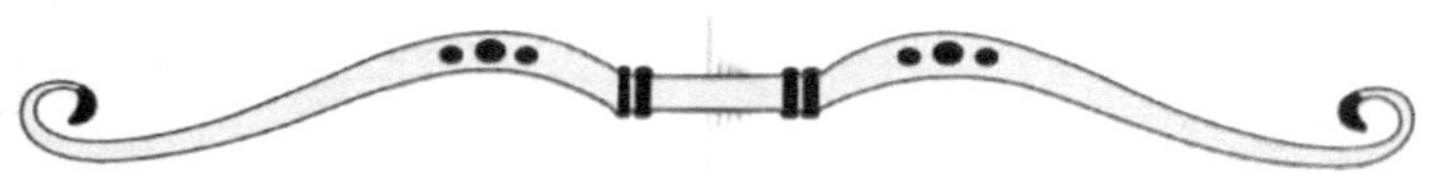

चारो ओर से युद्ध किया ,

और बचा ले गए दुर्योधन को।

यह देख पार्थ पुत्र क्रोध में आया ,

और आग लगी उसके तन मन को।

लगा बाण पे बाण चलाने ,

महारथियों पर वार किया।

तब महारथियों ने मिलकर के ,

इक महारथी पर प्रहार किया।

दुष्ट दुःशासन ने बारह ,

और कृपाचार्य ने तीन।

द्रोण ने सत्रह बाणों से ,

दिया अभिमन्यु को भींध।

सत्तर बाणों से विविशन्ति ने ,

और कृतवर्मा ने सात।

मद्रराज के छः बाणों ने ,

दिए अभिमन्यु को आघात।

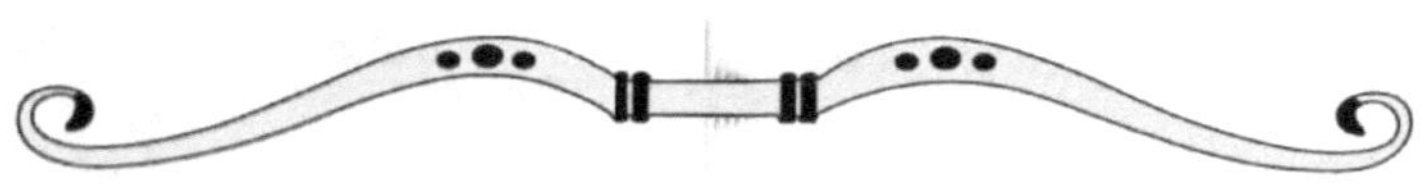

36.

तब अभिमन्यु ने क्रोध में आकर ,

बाण चलाये चारो ओर।

किया वीर ने सबको घायल ,

खूब दिखाया अपना जोर।

अत्यंत कुपित हो अभिमन्यु ने ,

शल्य के भाई पे बाण चलाया।

मस्तक को धर से अलग किया ,

पृथ्वी पर काट गिराया।

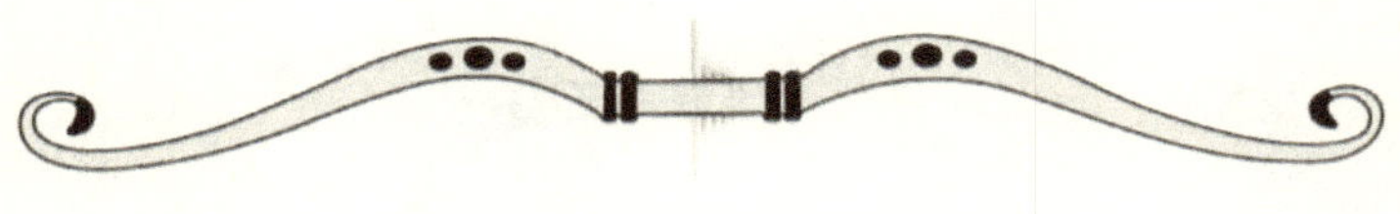

गुरु द्रोण की सेना, कर्ण की सेना ,

कृप की सेना, शल्य की सेना।

सबकी अपनी–अपनी सेना ,

पर इस वीर के आगे कोई टिके ना।

यह देख द्रोण का मन हर्षाया ,

उनके शिष्य के पुत्र ने क्या कहर मचाया।

बोले, अर्जुन से बेहतर है यह,

स्वयं वासुदेव की इस पर छाया।

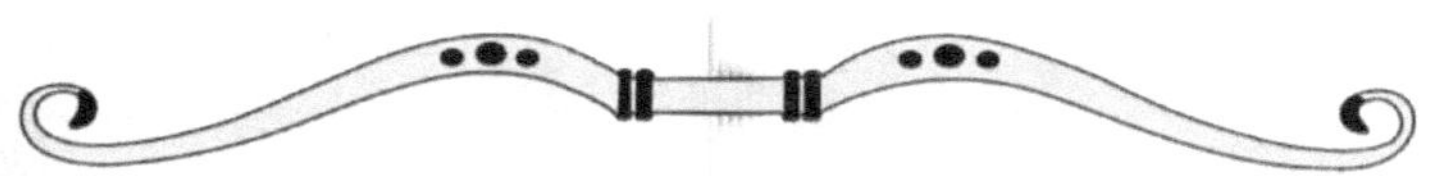

सुन द्रोण वचन दुर्योधन बोला ,

अच्छा ! अर्जुन पुत्र है आपको प्यारा।

इसीलिए यह उधमी बालक ,

आपसे अब तक ना हारा।

इक मोह आपके मन में है ,

इस बात को गुरुवर स्वीकारो।

अभिमन्यु सबको मार रहा ,

जाकर कोई तो इसको मारो।

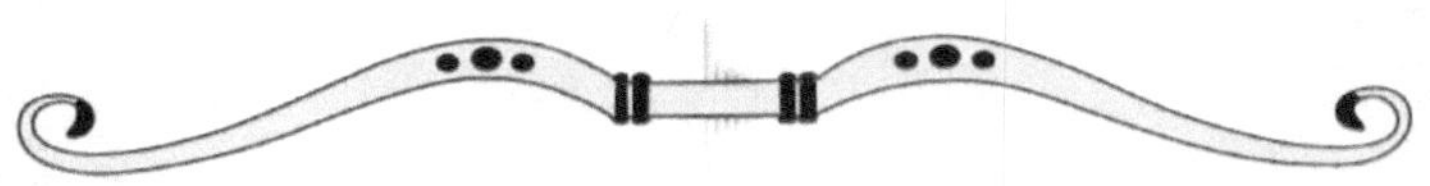

" नाहं पार्थेन जातः स्यां न च जातः सुभद्रया ।

यदि मे संयुगे कश्चिज्जीवितो नाद्य मुच्च्यते।। "

– महर्षि वेदव्यास

दुःशासन गर्जन कर बोला ,

प्रिय भ्राता इसे मैं मारूँगा।

अर्जुन लज्जा से मर जायेगा ,

जब इसको मौत के घाट उतारूँगा।

क्रोध में आकर दुःशासन ने ,

तीरों पे तीर चलाये।

सब अभिमन्यु ने विफल किये ,

अद्भुत करतब दिखलाये।

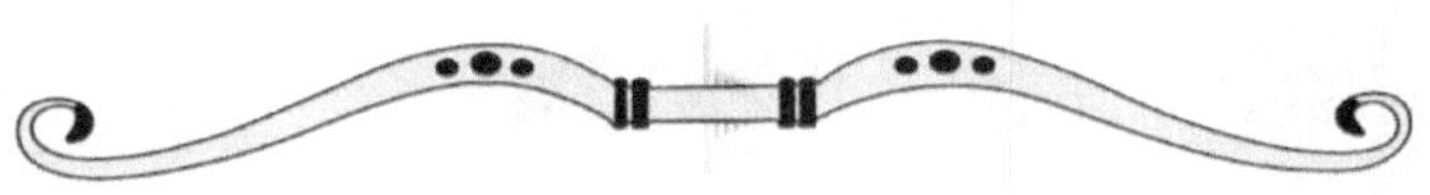

छब्बीस बाणों से अभिमन्यु ने ,

उस धूर्त पे वार किया।

इक सर्प के जैसे तीव्र बाण को ,

उसके सीने से पार किया।

घायल होकर रथ में बैठा ,

इक बालक से हारा अभागा।

जिसे देख सारथी घबराया।

और रथ को लेकर भागा।

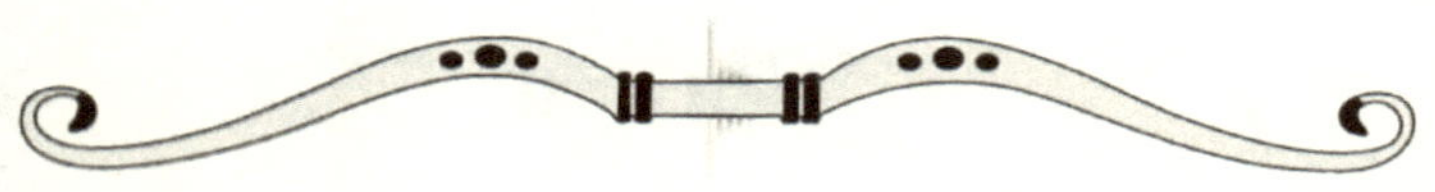

पीठ दिखाकर भागा कायर ,

यह देख सभी मुस्काए।

पांडव योद्धाओं ने खुश होकर ,

जोरों से वाद्य बजाए।

देख विजय श्री अवसर को ,

व्यूह में कूदे चारो पांडव।

गुरु द्रोण के व्यूह को तोड़ दिया ,

फिर प्रबल हुआ इस युद्ध का तांडव।

यह देख दुर्योधन कर्ण से बोला ,

यदि पांडव आगे आ जायेंगे।

मिलकर जब साथ लड़ेंगे वे ,

हम व्यूह बचा न पायेंगे।

जाओ जाकर के युद्ध करो ,

अभिमन्यु को मार गिराओ।

खत्म करो यह युद्ध यहीं ,

अब विजयी पताका फहराओ।

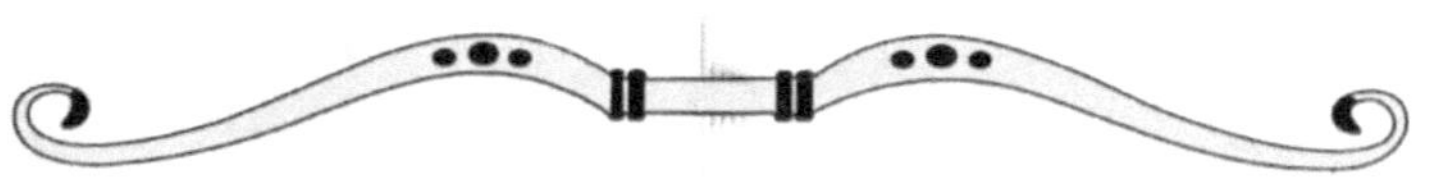

कर्ण चला रथ लेकर आगे ,

अभिमन्यु पर तीर चलाता।

तब अभिमन्यु कर्ण को अपनी ,

शक्ति का भान कराता।

एक नही , सत्तर बाणों को ,

कर्ण की ओर चलाये।

श्री कृष्ण के शिष्य के आगे ,

कैसे कर्ण भला टिक पाये।

फिर अभिमन्यु के बाणों ने ,

कर्ण की धनुही काटी।

रथ, ध्वज, पहिये, सब काट दिए ,

करी खून से लथ-पथ माटी।

होकर विचलित तब कर्ण ने सोंचा ,

यह कैसा योद्धा जाग गया।

फिर झट-पट बैठा घोड़े पर ,

और रणभूमि से भाग गया।

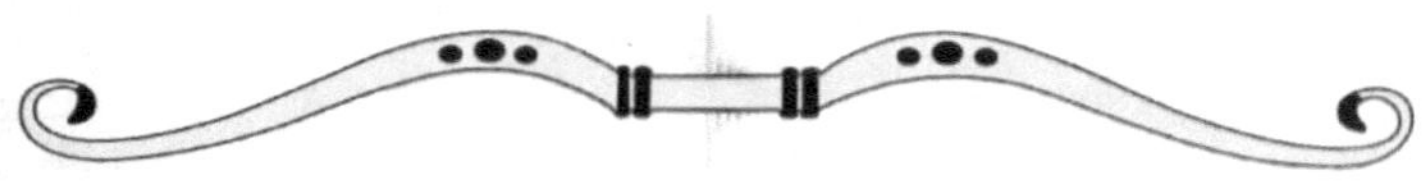

अब जो रोक सके पांडव सेना को ,

वह योद्धा है सिंधुराज।

जो वरदान मिला शिव से उसको ,

उपयोग किया वह उसने आज।

पांडव योद्धा घायल करने को ,

जयद्रथ ने पैने बाण चलाये।

पर्वत की तरह खड़ा हुआ ,

कि कोई द्वार से अंदर आ न पाये।

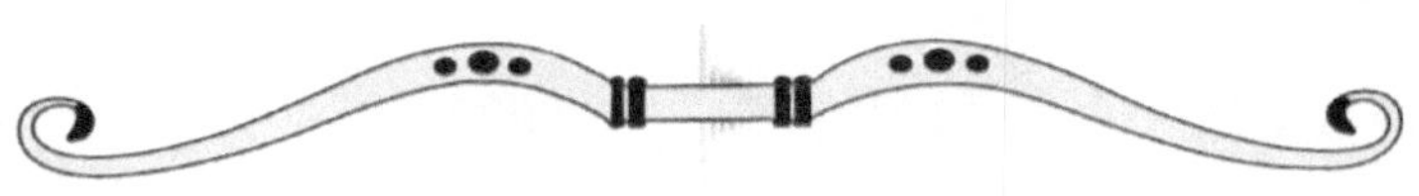

" वासुदेवादुपात्तं यदस्त्रं यच्च धनंजयात् ।

अदर्शयत तत काष्णि कृष्णाभ्याम विशेषवत्।। "

                                            – महर्षि वेदव्यास

जो मार्ग बनाया अभिमन्यु ने ,

उस मार्ग को उसने बंद किया।

सारे योद्धा बाहर रोके ,

कुछ ऐसा उसने द्वन्द किया।

अभिमन्यु अब व्यूह के अंदर ,

एकल ही सबसे लड़ता है।

सब महारथी योद्धाओं से ,

इक क्षण भी न वह डरता है।

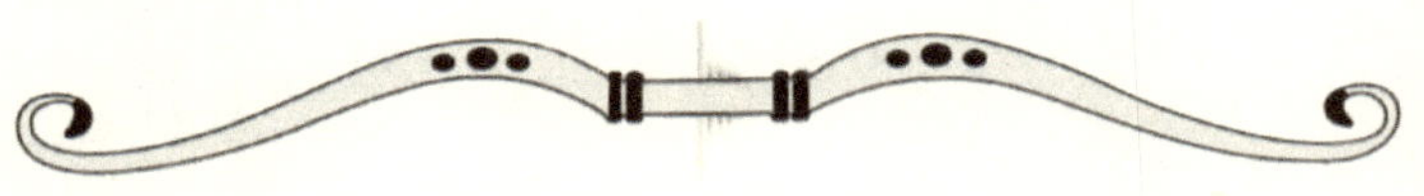

अब महाधनुर्धर वीरों ने ,

अभिमन्यु पर बाण चलाये।

घायल होकर तब पार्थ पुत्र ,

और क्रोध से भरता जाए।

है वीर नही यह सिंह ,

परन्तु लड़ता सिंह की भाति।

राजा वसातीय पर बाण चलाया ,

भेदी उनकी छाती।

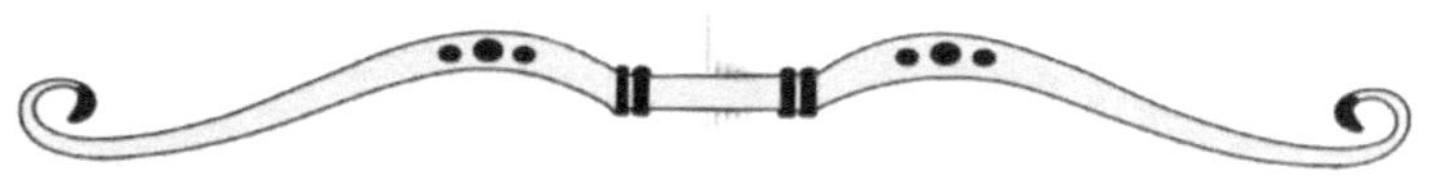

सुन टंकार वीर के धनु की ,

भागे सब दाएं-बाएं ,

मस्तक काटे गर्दन काटी ,

उसने काटी सबकी भुजाएं।

देख सामने शत्रु को ,

उसकी धनुही रुक ना पाती ,

चक्रव्यूह के मध्य खड़ा वह ,

स्वयं सूर्यपुत्र यम की भाति।

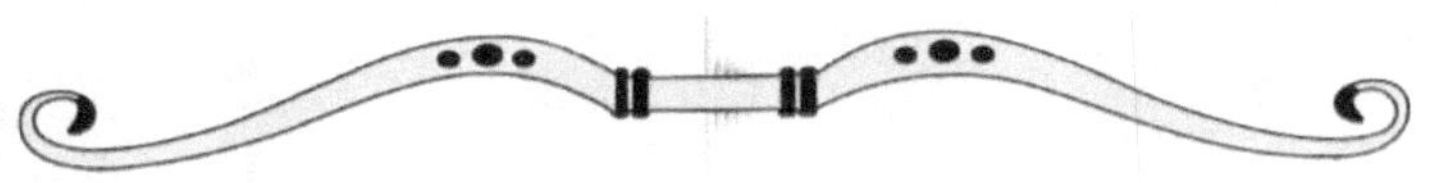

सत्यश्रवा को मारा उसने ,

मद्रराज के पुत्र को मारा।

हार रही कौरव सेना ने ,

मिलकर अभिमन्यु को ललकारा।

तब दुर्योधन का पुत्र लक्ष्मण ,

जो धनुर्वेद का ज्ञाता है।

अभिमन्यु को मार गिराने ,

सामने उसके आता है।

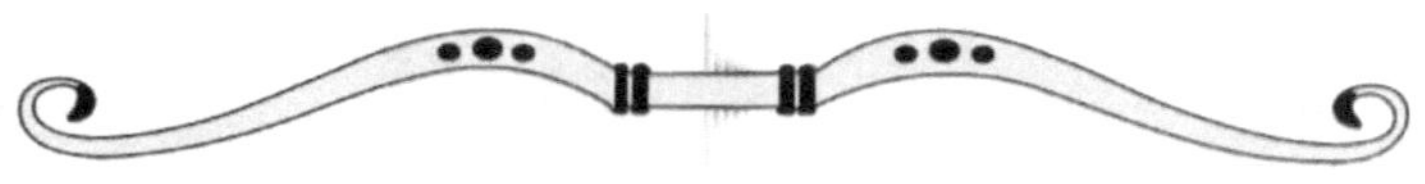

लक्ष्मण ने पैने तीरों से ,

अभिमन्यु पर वार किया।

तब अभिमन्यु ने इक भल्ल को ,

उसके मस्तक से पार किया।

लक्ष्मण को मारा गया देख ,

दुर्योधन जोर से रोया।

हृदय प्रिय था जो उसको ,

उस पुत्र को उसने खोया।

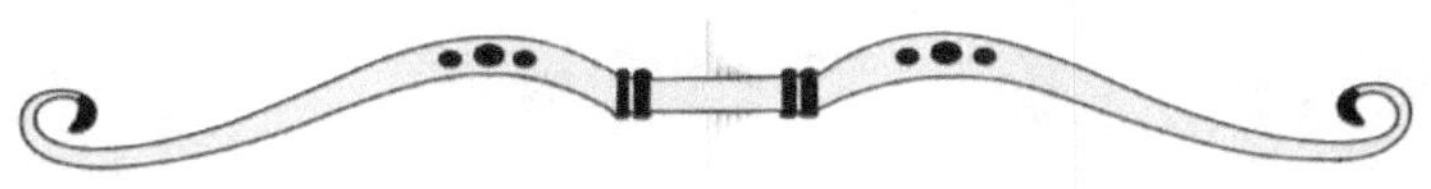

कुपित हुआ और चिल्लाया ,

इस बालक ने पुत्र को मेरे मारा है।

अब जल्दी मारो इसको ,

यह मेरे पुत्र का हत्यारा है।

द्रोण, कर्ण और कृपाचार्य ,

अश्वत्थामा, कृतवर्मा और बृहद्बल।

चहुओर से घेरा अभिमन्यु को ,

पर व्यर्थ हुआ सबका भुजबल।

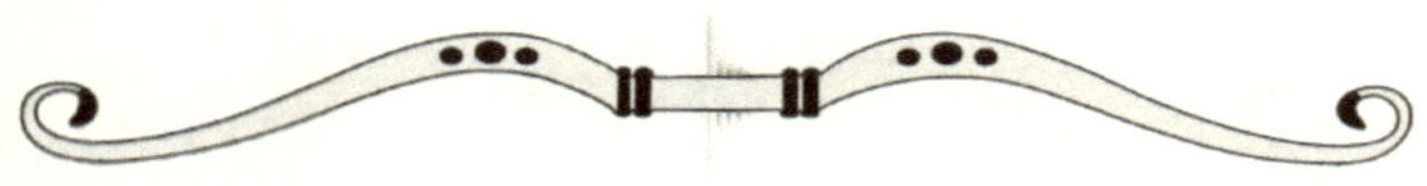

बृहद्बल को मारे बीस बाण ,

और द्रोण को मारे पचास।

कृतवर्मा को मारे अस्सी ,

और कृपाचार्य को साठ।

सबको घायल कर डाला ,

कोई ठहर सका ना उसके पास।

इन महाधनुर्धर योद्धाओं में ,

यह योद्धा है सबसे ख़ास।

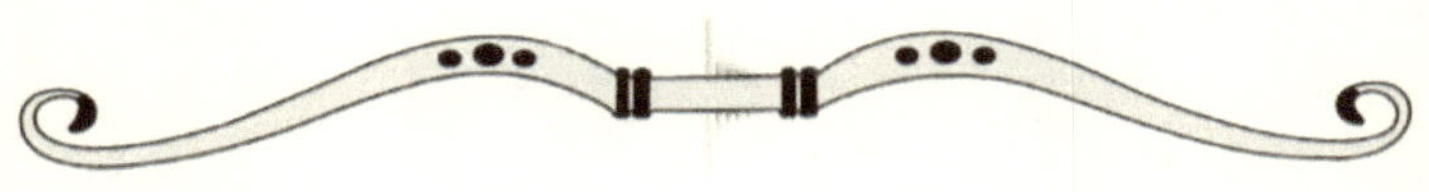

" स शक्र इव विक्रांतः शक्रसूनोः सुतो बली ।

अभिमन्युस्तदानीकं लोडयन् समदृश्यत ।। "

– महर्षि वेदव्यास

फिर युद्ध परस्पर लड़ने को ,

जयद्रथ सेना सामने आयी।

गजसेना और घुड़सेना ,

अभिमन्यु से आ टकरायी।

अश्वत्थामा ने पच्चीस बाण ,

अभिमन्यु की ओर चलाये।

गुरु द्रोण ने मारे साठ बाण ,

जो पार्थ पुत्र से जा टकराये।

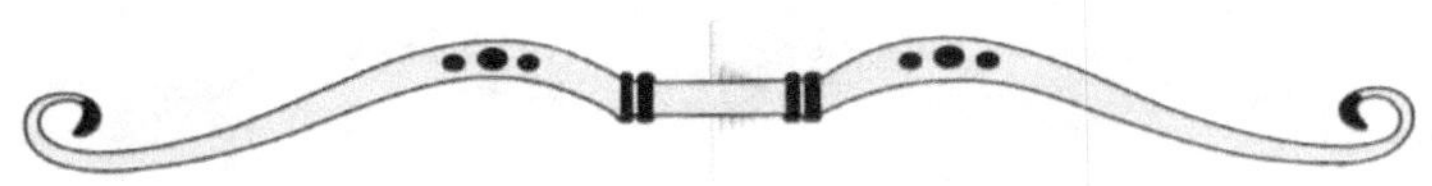

घायल होकर अभिमन्यु ने ,

बृहद्बल पे वार किया।

सर्प की तरह तीव्र बाण को ,

हृदय से उसके पार किया।

फिर अभिमन्यु ने क्रोध में आकर ,

कर्ण के छ: मंत्रियों को मारा।

मगध राज के तरुण पुत्र को ,

मौत के घाट उतारा।

तब दुःशासन पुत्र क्रोध में ,

उस महावीर से लड़ने आया।

साथ में शकुनि मामा ने ,

अभिमन्यु पर बाण चलाया।

भर तक प्रयास किया सबने ,

पर सिंह को मार ना पाए।

घायल होकर अभिमन्यु ने ,

शकुनि पे बाण चलाये।

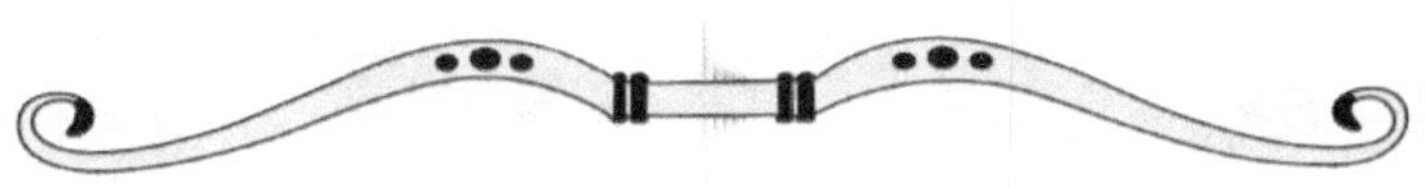

तब कर्ण द्रोण से बोला ,

हे गुरु ! कहिये कोई उपाय।

कोई तो रस्ता होगा जिससे ,

इस महावीर का वध हो पाए।

द्रोण ने कर्ण को विचलित देखा ,

बोले हे ! अंग नरेश।

साधारण ना बालक यह ,

यह योद्धा बड़ा विशेष।

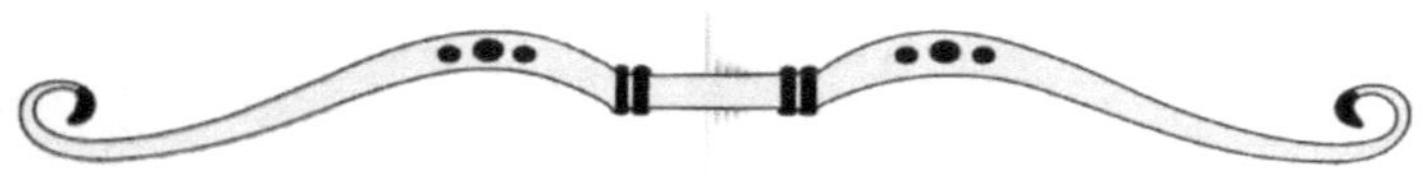

इक कवच को धारण करने की विधि ,

थी पिता को इसके बतलाई।

उसी अभेद्य कवच की विद्या ,

आज पार्थ पुत्र ने अपनाई।

पर मनोयोग बाणों द्वारा ,

उसकी धनुष को काटा जा सकता है।

खींचता वह जिस प्रत्यंचा को ,

उसे दो टुकड़ों में बाटा जा सकता है।

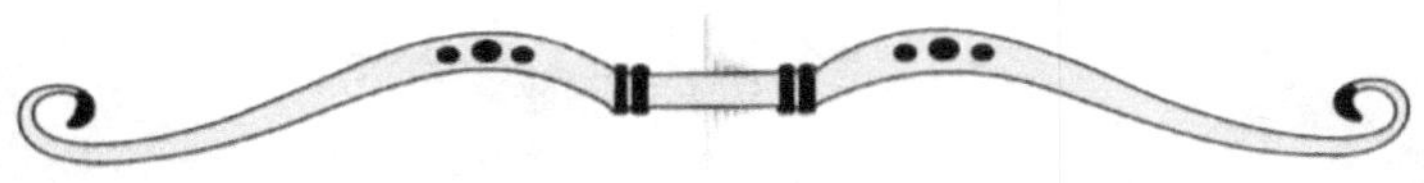

जब तक धनुष हाथ में उसके है ,

सब देव असुर उससे हारेंगे।

कोई ना उससे जीतेगा ,

सब परलोग सिधारेंगे।

सुन बात गुरु की कर्ण ने ,

झट से धनुष को उसकी तोड़ा।

कृतवर्मा ने घोड़े मारे ,

और कृपाचार्य ने रथ को तोड़ा।

धनुषहीन है योद्धा अब ,

कोई शस्त्र ना उसके पास में।

तब ले ढाल और तलवार को ,

कूदा योद्धा आकाश में।

फिर महाधनुर्धर वीरों ने ,

बाण चलाये इक रथहीन पर।

खूब दिखाया सबने भुजबल ,

उस योद्धा के शस्त्रों को छीनकर।

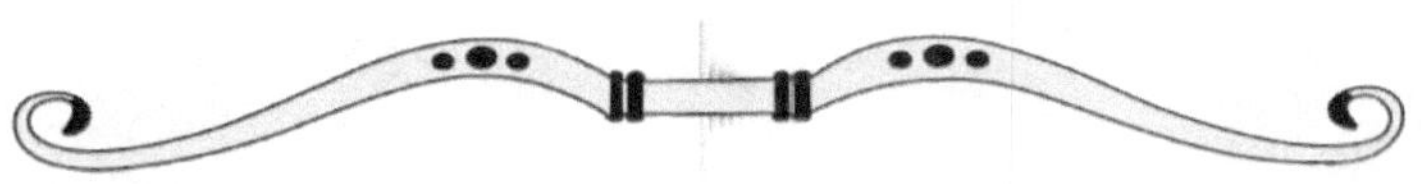

द्रोण ने अवसर पाते ही ,

काटा उसकी तलवार को।

कर्ण ने पैने बाणों से ,

तोड़ा उसकी ढाल को।

अब ढाल नही तलवार नही ,

ले चक्र को दौड़ा द्रोण की ओर।

फिर चक्र के टुकड़े- टुकड़े करके ,

खूब मचाया सबने शोर।

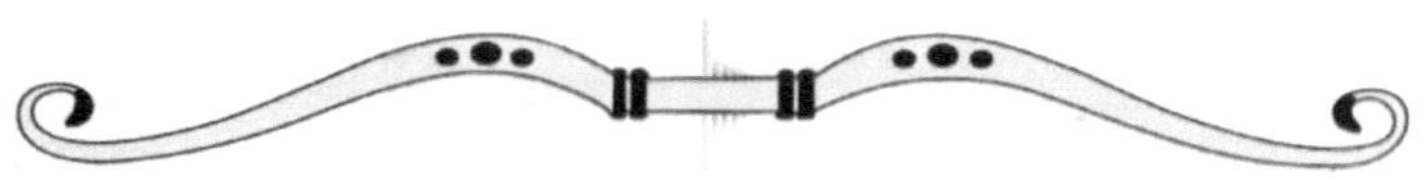

ना चक्र, धनुष, तलवार, ढाल ,

फिर भी लड़ने को वह तैयार।

उठा गदा को हाथ में ,

किया उसने अश्वत्थामा पे वार।

साही की भाति दिखता वह ,

पूरी काया में बाण भरे।

गदा को सबकी ओर घुमाकर ,

कितनो के उसने प्राण हरे।

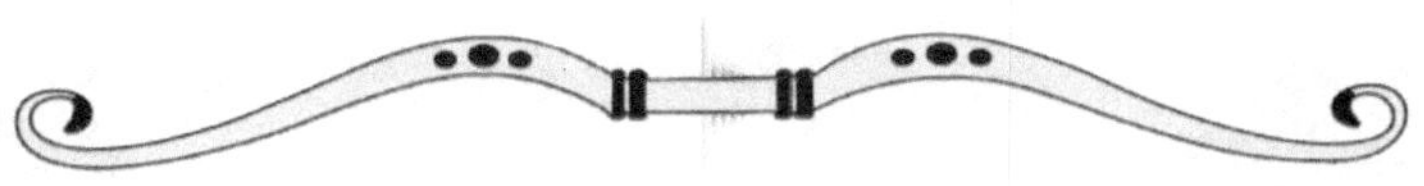

अश्वत्थामा के रक्षक मारे ,

और कालिकेय को मारा।

दुःशासन पुत्र के रथ को तोड़ा ,

फिर सत्तर गान्धारों को संघारा।

तब गदा हाथ में लेकर के ,

आगे बढ़ा दुःशासन कुमार।

खून से लथपथ अभिमन्यु पर ,

किया जोर से उस कपटी ने वार।

गदा लड़ी जोरो से उनकी ,

वे गिरे जमी पर साथ में।

दुःशासन पुत्र उठा फटा–फट ,

ले गदा को अपने हाथ में।

फिर अभिमन्यु के मस्तक पे ,

धरा गदा को जोर से।

कौरव सेना का मन हर्षाया ,

शोर हुआ चहुओर से।

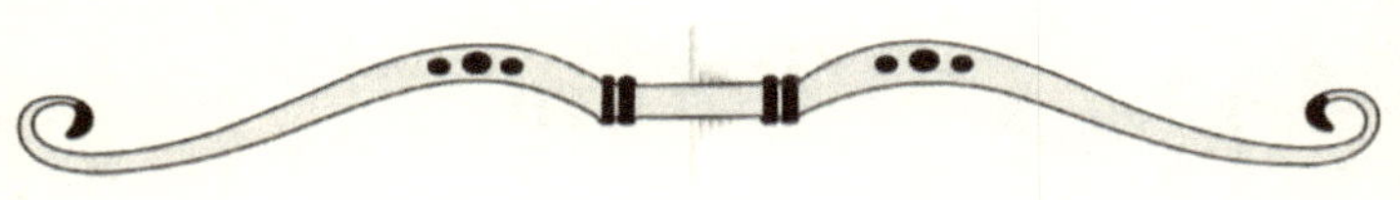

लाल रंग में डूब गयी ,

अतिरथी अभिमन्यु की काया।

प्राण को उसने त्याग दिया ,

ऐसी थी यह कृष्ण की माया।

छह महावीर योद्धा ने मिलकर ,

इक अतिरथी योद्धा को मारा।

पुत्र सुभद्रा और अर्जुन का ,

आसानी से ना हारा।

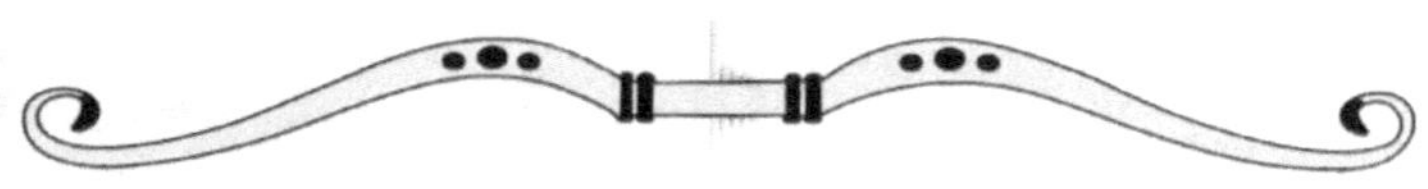